FACEBOOK MARKETING

Entre todas las herramientas más efectivas para ver despegar tu negocio en línea, los Facebook Ads juegan un papel fundamental, ya que permite a tu realidad empresarial, tanto en el arranque y en el ciclo de plena madurez, generar clientes potenciales, para aumentar las ventas y sobre todo para construir una base sólida de clientes leales. El propósito de este manual es señalar cómo función la venta de productos en Facebook y cuál es el papel de los Facebook Ads.

En este sentido, nos centraremos sobre todo en cuestiones de branding y copywriting.

¿Qué es Facebook Ads?

Esta es la plataforma nativa de la red social, Mark Zuckerberg, cuya actividad principal esencialmente gira en torno a la publicación de anuncios de publicidad directamente en su interior. En el estado actual de las cosas, cada vez más empresas optan por los anuncios de Facebook, principalmente debido a la ventajosa oportunidad para crear anuncios dirigidos, en el que se trata de interceptar un público objetivo específico.

Entre la publicidad en términos generales y hacer Facebook Ads hay muchas diferencias. Anunciar de forma genérica es como tirar un dardo al azar: se puede hacer por pura coincidencia el centro, pero la probabilidad es baja, ya que está dirigido a un objetivo indistinto, a una audiencia de usuarios indiferenciados, donde tal vez muchos no tienen menor interés en la oferta.

La publicidad con anuncios de Facebook es como tirar un dardo, después de concentrar, apuntando con cuidado, liberando tu mente, que había ya visto la flecha en el centro del objetivo y de hecho ha hecho centro. Las probabilidades de golpear un objetivo definido por área, por grupo de edad y preferencias son más seguras, y en última instancia la estrategia gana.

Las actividades y técnicas de Facebook Ads son muy útiles para la planificación de campañas de patrocinio: a través de un sistema de pago, se muestran anuncios sobre los productos en el mercado y servicios para monetizar. En el papel de anunciante, debes hacerte la pregunta del por qué vale la pena pagar para publicar en Facebook, cuando en realidad el uso de la red social es gratuito. La respuesta está en el hecho de que la publicidad en línea te permite contar con un impulso adicional en una plataforma en línea que sabe mucho sobre los gustos de los suscriptores. Por esta razón, los anuncios creados serán mucho más eficaces y funcionales que en otros lugares.

A la meta del target debes siempre dedicar la máxima atención.

Con el fin de organizar una buena estrategia de publicidad en línea con anuncios de Facebook, el enfoque en el objetivo, es decir, la audiencia a la que se dirigirá a su patrocinio, será de suma importancia. Para ello tienes que ser bueno en la planificación de contenidos y la organización de la audiencia, con el fin de mejorar los rendimientos.

Con el fin de optimizar tus finanzas, una vez que tu presupuesto ha sido asignado, el patrocinio sólo debe mostrarse a un público potencialmente interesado.

Al hacerlo, serás capaz de contar con un ROI mucho mejor, alcanzable siguiendo la regla cardinal de la comercialización entrante, que es más volumen de negocios, objetivo que necesita de lo que vendes y menores costos. En términos de publicidad, una mejor fluidez pública irá acompañada de un mejor rendimiento de patrocinio.

Precisamente interceptar una cierta audiencia de usuarios, su objetivo exactamente, permite a tu empresa invertir adecuadamente el presupuesto de publicidad asignado y no perder dinero

¿Por qué Facebook Ads?

Porque es una herramienta que permite centrar objetivos que pueden diferir de la manera más absoluta: puedes optar por el aumento del tráfico en línea en tu portal de ventas en línea o todavía crear una cierta audiencia totalmente compuesta de usuarios de Internet que se conectan a tu sitio web y visitantes que pueden haber llevado a término en un momento determinado, un qué tal vez se puede presentar por la visualización de una página determinada.

Además, la plataforma de publicidad de Facebook es sin duda uno de los más poderosos, así como extremadamente democrático.

¿La razón de eso? Con sólo 1 euro por día tienes la oportunidad de anunciar con métodos extremadamente simples y sin esos molestos recordatorios que ocurren con otros programas, donde sólo al abrir una página web puedes encontrar el recordatorio más clásico que anuncia que post X tiene un 70% más de rendimiento que los demás y con un

Definición de los objetivos: claridad en el primer post

Entre las principales dificultades de aquellos que prueban su mano en el uso de anuncios de Facebook está sin duda una comprensión de la solución más en línea con las necesidades reales de la audiencia objetivo. Hay varias actividades que aseguran resultados completamente diferentes. Por lo tanto, la elección del instrumento adecuado es fundamental. No debes pensar que lo único que importa es traer tráfico a tu sitio web. Facebook Ads te da la oportunidad conveniente de establecer objetivos alcanzables, yendo mucho más allá de la lógica superficial clásica de acceso al portal. Por ejemplo, se puede pensar en términos lead generation, en términos del impulso de ventas, en términos de mejorar el nivel de reputación de la marca, en términos de medición de ROI. En el momento en que empiezas a trabajar con Facebook Ads, empiezas con un objetivo y debe ser lo más claro posible.

Convertir una necesidad genérica en un interés específico

Si apuntas a Facebook Ads, al menos en teoría, tienes que hacerlo con la intención precisa de despertar la necesidad latente de todos los consumidores que, aunque no están buscando información específica sobre ese tipo particular de producto o servicio, pueden estar seriamente interesados en comprar. En términos de marketing en línea, si con Google vas a satisfacer una necesidad consciente, porque cualquier persona que escriba una consulta de búsqueda lo hace con un propósito preciso, si inviertes a través de Facebook Ads, como primer paso, necesitas saber exactamente cuáles son las necesidades reales de tus clientes potenciales, que en realidad podría estar interesado en la compra de los productos y servicios que has puesto en el mercado.

Toda la estructura de Facebook Ads se centra en toda una serie de datos heterogéneos, incluyendo género, edad, conexiones, comportamientos e intereses, que te permiten como anunciante interceptar completamente las necesidades reales de los consumidores, porque el objetivo es perfilado de la manera más precisa.

Especificaciones y requisitos técnicos

El grupo de aplicaciones y servicios de la red social lanzado en febrero de 2004 puede apoyar diversos tipos de anuncios. No sólo los de Facebook, sino también los de Instagram, Messenger y Audience Network. Los anuncios se caracterizan esencialmente por dos componentes: el primero es el formato que no es más que la apariencia real de la inserción. ¿Cómo lo percibes, como un interno? El segundo es el posicionamiento. ¿Dónde está el anuncio? ¿Dónde en la página social se le mostrará el anuncio?

En este párrafo, rápidamente señalamos los diversos requisitos relacionados con los diferentes tipos de formato y la colocación de anuncios en Facebook. Antes de hacerlo, procedemos a una aclaración. Cuando se crea un anuncio de carácter publicitario, se tiene la oportunidad de encontrar el duplicado en términos de posicionamiento: esto significa que el usuario puede verlo en su ordenador, en su teléfono inteligente, en su tableta, en Facebook, en Instagram. Pero hay que tener en cuenta una cosa: como anunciante, el mensaje publicitario sólo se carga una vez, por la sencilla razón de que es un solo anuncio. Si lo consideras apropiado, en cualquier caso, tienes la posibilidad de publicar varios anuncios simultáneamente.

Formatos publicitarios

El propósito central de los formatos publicitarios es todo acerca de cómo puedes contar tu historia independientemente del tipo de contenido que deseas adoptar, ya sea un texto, una película, una imagen o un conjunto de estos elementos. La belleza de la red social de Mark Zuckerberg es que tienes la oportunidad de contar con un formato para cada historia. Narrar el objetivo de tu empresa no será un problema en absoluto, porque los visitantes serán capaces de verlo en el mejor de todos los dispositivos y a través de cada conexión.

Anuncios con fotos

Crear un anuncio en Facebook, donde las fotografías son los protagonistas indiscutibles, nunca ha sido tan simple: independientemente del tipo de negocio, Las imágenes en general permiten que todos sepan quién eres y lo que haces con un fuerte impacto visual. Por ejemplo, puedes estimular la curiosidad del visitante despertando en él un fuerte interés por tu marca o aún, puedes aumentar el nivel de notoriedad de los productos que has presentado recientemente en el mercado. Crear un "anuncio de foto" es una operación que tiene lugar en cuestión de minutos. Para la configuración, en nuestra opinión, es apropiado optar por imágenes en .jpg o .png, con proporciones de 9:16 o 16:9 y una longitud máxima de 125 caracteres.

Los estudios de caso de los enlaces son diferentes, donde la descripción debe ser de hasta 30 caracteres y el texto tiene el límite de 25. En lo que se refiere a la proporción de la imagen y la resolución ideal, estos deben estar entre 1,91: 1 a 1:1 y 1,080 x 1,080 píxeles, respectivamente.

Si buscas algo más, las fotos panorámicas o incluso las de 360 grados aseguran una experiencia altamente interactiva en la red social. Esto es posible gracias al reconocimiento de metadatos por la red social que los procesa mirando directamente desde la cámara, teniendo en cuenta la tolerancia de proporciones del 3%, 600 píxeles de altura mínima y ancho de imagen.

La proporción del texto

Hasta hace poco, en el caso de que el 20% de la imagen de un anuncio estaba cubierto por el texto, el anuncio no fue aprobado. Luego hubo un cambio importante, según el cual los anuncios con mayor cantidad de texto serán publicados con menor frecuencia. Por lo tanto, la máxima atención a la proporción del texto.

El rol del título de alto impacto

Un anuncio siempre debe tener en cuenta un título que intriga al objetivo. Es cierto que la parte visual capta la atención de los usuarios, pero el título es un elemento que nadie puede permitirse el lujo de ignorar. Y los profesionales en el campo de las redes sociales de marketing saben esto muy bien.

El titular ideal para muchos profesionales debe tener un número de caracteres alrededor de 25. No todo el mundo piensa así, ya que es necesario hacer pruebas para ver la tendencia. Si el título es al mismo tiempo informativo y persuasivo, pero sin ilusión, seguramente habrá movido las palancas correctas. Como redactor seguramente habrás trabajado bien. Creativamente.

¿Cuáles son los objetivos?

La cobertura, el nivel de la fama de la marca, el tráfico, las interacciones, los Like en la página de Facebook, las respuestas a los eventos y finalmente la instalación de la aplicación.

¿Cuáles call to action puedo elegir?

Facebook te da la oportunidad interesante de optar por el botón para insertar en la parte inferior del anuncio. Actuando así es posible invitar al usuario a realizar una acción específica, conocida como call to action. Como anunciante, más adelante, basado en tu call to action, optimizarás tu respuesta con la intención real de ser capaz de confiar en resultados superiores.

Entre las innumerables opciones merecen seguramente la máxima atención a la: Llamar ahora, Solicitar ahora, Reservar ahora, Contáctenos, Direcciones de carreteras, Solicitar un calendario, Enviar un mensaje, Solicitar un presupuesto, Saber más.

Vídeo: Los sonidos y los movimientos también son muy útiles para captar la atención del visitante

Las películas te dan la oportunidad conveniente de mostrar las funciones de los productos que has puesto recientemente en el mercado. Facebook sabe exactamente cómo la gente ve los vídeos. Las opciones basadas en el tiempo, un elemento clave a tener en cuenta en una perspectiva de negocios, son dos: las películas llamadas morder y correr, amadas por aquellos que no tienen mucho tiempo, y las películas más largas, tal vez con un fuerte poder visual, para disfrutar cómodamente sentado en el sofá en casa. El denominador común de los anuncios de vídeo de entrada es la capacidad de llegar a innumerables usuarios en relación con el lugar en el que pasan su tiempo.

Para entender mejor la lógica de la visualización de vídeos, te basta saber que en los dispositivos móviles, como teléfonos inteligentes y tabletas, especialmente si la conexión a Internet es LTE, los vídeos más vistos son necesariamente cortos con una duración máxima de 15 segundos. ¿Cuáles son sus puntos fuertes?

El registro de mayores tasas de finalización, esencial para compartir todo el mensaje en su totalidad.

Anuncios de vídeo in-stream: compartir los mensajes más complejos

Los vídeos flash van en su mayor parte, pero no son la única posibilidad, ya que pueden tener diferentes longitudes. Las experiencias de vídeo, entonces, son siempre subjetivas, dirigidas o todavía lineales.

El vídeo, en su versión más sofisticada, permite narrar una historia más larga, centrando la atención de la gente a través de un nuevo tipo de anuncios: mid rolls. ¿Cuál es su ventaja? Dual. Saltar es imposible y son particularmente agradables de ver. Hay que decir que las películas en su versión publicitaria en streaming, pre - roll y mid - roll permiten interceptar audiencias incluso fuera de las fronteras tradicionales de Facebook.

Otras acciones que puedes realizar con los anuncios de vídeo de Facebook

Las tareas de los vídeos de Facebook en el rol de los anuncios no terminan aquí. Si trabajas en una gran empresa que ha iniciado una campaña publicitaria particularmente contundente, con la intención de impulsar las ventas, puedes integrar anuncios de televisión y radio con anuncios de Facebook. La red social es sin duda más barata, pero al mismo tiempo permite que tu empresa pueda interceptar un trozo de objetivo difícil de conquistar si sólo apuntan a los canales tradicionales fuera de línea. Además, para verificar el progreso del mensaje transmitido en Facebook, puedes utilizar la fase de prueba, estructurada en torno a Creative Hub, cuya misión básica es la creación de anuncios de prueba, compartido con una porción de tu objetivo. Esto es bueno, porque se puede optimizar el presupuesto y, ante posibles errores, aplicar las medidas correctoras necesarias.

El crecimiento de tu empresa a través del vídeo en vivo, de alta calidad gracias a la API, es otra posibilidad que la red social con más suscriptores pone a su disposición.

Carrusel: una forma de publicidad, donde se puede mostrar dentro de una sola inserción más fotos y vídeos.

La interacción entre vídeos y fotos es la última forma de publicidad en línea en Facebook, porque con los sonidos, movimientos y filmaciones espectaculares típicos del cine, se puedes combinar el fuerte impacto visual de las tomas fotográficas.

El objetivo principal del carrusel es hacer que muestras hasta un máximo de 10 vídeos e imágenes en un solo anuncio. Si lo consideras apropiado, también puede insertar enlaces. Es en principio un espacio altamente creativo, donde destacar las connotaciones del producto que tu empresa está preparando para hacer su debut en el mercado o donde contar las etapas básicas de la historia de tu marca se convierten en acciones de gran éxito. Siendo capaz de contar con más espacio disponible, el alto nivel de interactividad y flexibilidad total te permitirá ser muy creativo, explicar un proceso y ofrecer a los visitantes una verdadera visita guiada que tiene tu realidad empresarial como el protagonista indiscutible.

Para obtener un efecto aún mejor, debes presentar tu producto de diferentes maneras: de esta manera, los clientes potenciales tendrán una mejor perspectiva, porque todos los detalles individuales obtendrán el énfasis adecuado.

Al contar la historia de tu marca a través de carrusel, en principio, puedes registrar considerablemente menores costos por clic y atraer en tu sitio web un gran número de clientes potenciales. Todo esto, por supuesto, conteniendo los gastos.

Slideshow

Crear anuncios de presentación de diapositivas es revolucionario, ya que, al explotar la ligereza de los vídeos, puede conectarse de forma rápida y barata con nuevos usuarios. La lógica de funcionamiento en la base de las diapositivas no difiere mucho de los anuncios de vídeo: movimiento, los textos son de hecho elementos comunes para narrar de la manera más completa tu historia en cada dispositivo independientemente del tipo de conexión elegida por los usuarios. Te tardas realmente unos minutos para crear desde el PC o smartphone una inserción en la presentación de diapositivas. En este caso, también puedes utilizar las imágenes de archivo insertadas en un vídeo existente.

La ventaja competitiva de los anuncios en la presentación de diapositivas no sólo sale en la facilidad de creación, sino también en el formato atractivo, en el modo de reproducción, en la captura de la atención de los visitantes, al igual que sucede en los vídeos, en el instante de carga y finalmente en la reproducción perfecta en cualquier dispositivo móvil.

Para concluir, para comprobarlo, es el inmenso el poder de los vídeos. Todo, conteniendo los costes.

Colección

Una excelente solución, porque es, contar una historia con un solo anuncio, capaz de mostrar, como nunca antes, tus productos. En última instancia, hoy en día, la gente pasa una gran parte de su tiempo conectado a Internet a través de su teléfono inteligente. ¿Resultado? La forma en que se utiliza el contenido ha cambiado drásticamente en comparación con años anteriores.

Tenemos un consumidor que es más consciente en el momento de la compra y que, más a menudo de lo que crees, espera más y más experiencias atractivas e integradas, rápido durante la carga. Y desde ese punto de vista, los vídeos optimizados para dispositivos móviles son realmente lo último, porque en el papel de las herramientas de publicidad permiten al consumidor poder ser actualizado en las noticias ofrecidas por tu empresa, estar muy implicado y disponer en el menor tiempo posible de una cantidad satisfactoria de información.

Y la colección es como formato publicitario realmente el superior, porque te permite comprar con mayor sencillez los productos, gracias a una experiencia visual de alto impacto. El cliente se sumerge literalmente en la oferta de negocio.

Los expertos consideran acertadamente la colección como una experiencia de investigación integrada, porque los usuarios tocan la inserción con una doble intención: saber lo más posible y llevar a cabo, en el caso, más investigación.

En definitiva, después del clásico clic, es la experiencia más integrada e interactiva, donde no se abandona Facebook.

¿Cuál es el modelo más adecuado para tu anuncio con colección?

Hay cuatro de ellos:

1. Escaparate interactivo: es un modelo ganador en las circunstancias en las que tu empresa pretende impulsar las ventas de al menos cuatro productos

diferentes. Al mostrarlas en la cuadrícula, permitirá a la gente verlas al mismo tiempo, preferiblemente usando una imagen o vídeo para resaltarlas. Los productos relacionados les seguirán rápidamente.

El escaparate interactivo es el mejor de los mejores cuando se desea enviar de vuelta a la página web el mayor número de visitantes posible, a fin de empujarlos a ir en la página de la cesta de la compra, procediendo a la compra, o si deseas organizar de la manera más dinámica posible los artículos que has puesto en el catálogo, apuntando a los grupos relevantes, como los más mostrados o incluso sugeridos para ti. La pantalla completa de experiencias interactivas siempre tiene su encanto, porque fascina al visitante y atrae su atención a los artículos que vendes.

2. Lookbooks interactivos: un modelo ganador, especialmente si los usuarios de Internet quieren ver tus productos en acción, si tienes la intención de crear el catálogo digital de la versión en papel existente y si

deseas aumentar las ventas significativamente, basándote en la historia de la marca de tu empresa.

3. Adquisición de clientes interactivos: este modelo es particularmente popular entre las empresas que desean que los usuarios de Internet lleven a cabo una acción precisa dentro de su sitio web o aplicación móvil, así como dar la máxima importancia a las promociones, descuentos y ofertas a través de vídeos de alta calidad e imágenes de calidad superior a la media. Además, incluso en los casos en que tu empresa se fija el objetivo de aumentar drásticamente las conversiones en la página de destino en los teléfonos inteligentes y tabletas, la adquisición de clientes interactivos es un modelo a considerar seriamente.

4. Narración interactiva: la elección de esta solución es muy ventajosa para tu empresa, cuando tienes la intención de invitar a los visitantes a descubrir tanto detalle como sea posible en tu sitio web y en la aplicación móvil, así como si tienes la intención de ofrecer a los usuarios de Internet un recorrido

interactivo de tu negocio principal o si deseas contar la historia de tu marca.

Interacciones con los posts de la página

Esta solución es especialmente apreciada por las empresas que desean ampliar su objetivo, al tiempo que consolidan los contactos con sus numerosos clientes. Gracias a Facebook Ads, tu empresa tiene la posibilidad de aumentar el nivel interactivo, utilizando los mensajes publicados en la Página. La capacidad de compartir información con un mayor número de usuarios tiene la ventaja de hacer que aumentes el objetivo y atraigas a los visitantes a realizar una "acción". Siempre se puede confiar en los datos estadísticos, comprobar cuántos usuarios han dado al contenido me gusta, cuántos han compartido, cuántos han hecho un comentario.

Teniendo en cuenta los hechos anteriores, tendrás la oportunidad de crear contenido en línea con tus intereses e historias que serán bien juzgados. El director de comunicaciones de DPNY Beach Hotel & SPA, Felipe Hadler, argumentó que en el momento en que la empresa para la que trabaja confiaba en esta estrategia en línea, el resultado fue el logro de un objetivo mucho más amplio.

Si un usuario pone el Me gusta a un post o lo comparte, otros seis o siete de sus contactos son interceptados. ¿La ventaja? Compartir contenido es viral y gratuito. Una adquisición gratuita de nuevos clientes es también el sueño de cualquier negocio.

Ofertas

Descuentos y promociones sensacionales se pueden compartir fácilmente con tus clientes de Facebook. Usando el anuncio con la oferta, presentándolo por carrusel, vídeo o imagen, esto, sin embargo, es tu decisión.

Respuestas a los eventos

La publicidad destinada a promover las respuestas a los acontecimientos se utiliza normalmente para garantizar que la reputación de la marca está a un nivel superior al actual. Además, por supuesto, la obtención de ciertas respuestas, como la participación en el propio evento. Hacer el anuncio será tu tarea: dependerá de que decidas si es apropiado optar por el formato de vídeo o por esa imagen.

Algoritmo publicitario de Facebook

Si deseas hacer publicidad en Facebook, es importante entender cómo funciona el algoritmo. Sólo de esta manera, puedes realmente entender cómo promocionar mejor tus artículos, ya sean productos o servicios, o cómo aumentar el alcance orgánico del contenido que deseas transmitir a los usuarios.

Empecemos por el principio. ¿Qué tiene en cuenta la red social más popular del mundo a la hora de decidir qué contenido mostrarán los suscriptores en su pared? ¿Cuál es la base de todo lo que está en la base del motor de Facebook?

En 2018 se introdujeron algunas mejoras. Antes de informar de ellas, vamos a ver cómo el algoritmo de publicidad de Facebook funcionó antes.

Afinidad, peso y decaimiento temporal fueron los únicos tres aspectos que se tuvieron en cuenta.

En los detalles de:

1. Afinidad: se trata de examinar lo que está en línea con el tema de referencia, como el producto, el servicio, el contenido, con el círculo de fans. Es el nivel

interactivo que existe entre los usuarios y los mensajes para establecer el nivel de afinidad. Por lo tanto, cuanto mayor sea la interacción de los fans con sus mensajes, mayor serán los efectos en el interlocutor que tiene la capacidad de ver tu contenido. Es sólo el algoritmo de publicidad de Facebook que se los muestra en formas más o menos frecuentes.

2. Peso: la interacción tiene de su un peso, que antes de 2018 fue determinado por varios elementos, tales como el número de clics a la entrada, de visualización, de acciones, de similares y de comentarios.

3. Deterioro temporal: el umbral temporal determina la reproposición de un contenido. Cuanto más reciente es un contenido, más el usuario tiene la capacidad de mostrarlo dentro de su casa.

Todo esto, sin embargo, representa el pasado y las noticias de 2018 han hecho importantes mejoras correctivas. ¿La razón? El antiguo algoritmo publicitario de Facebook estaba basado en el usuario. El protagonista único e indiscutible era el usuario. Tal como están las cosas, la situación ha cambiado. Y también de manera radical.

¿Resultado? El algoritmo puede considerarse basado en la red. ¿Qué significa todo esto? Lo que el usuario muestra en el feed también está conectado en gran medida a su red, es decir, al contenido apreciado por sus contactos.

Por esta razón, a menudo se ve el contenido de la página que simplemente no sigues o se muestran las actualizaciones de grupos a los que no te suscribes.

Por lo tanto, hay tres nuevos algoritmos de Facebook introducidos en 2018: last actor, story bumping y post type.

Más concretamente, lo siguiente:

1. Last actor: esta es la historia de los contactos con los que se tiende a interactuar más. Estos contenidos se muestran a ti en la línea de tiempo dependiendo de las interacciones recientes que están destinadas a afectar al feed de noticias. El mensaje privado es uno de los parámetros más relevantes en términos de prioridad de visualización. Por esta razón, la gestión

del buzón de la red social debe ser gestionada de manera cuidadosa. Lo mismo se aplica a los mensajes intercambiados en privado, factor que sin duda pesa más que la interacción pública.

2. Story bumping: este parámetro ha permitido evitar el retardo de tiempo. Esencialmente, las interacciones recientes tienen un peso específico mayor que el contenido reciente. Lo notarás cuando algún post particularmente fechado consigue algunos gustos o algunos comentarios positivos, porque, de hecho, volverá en el bucle.

¿Cómo se puede calcular el peso específico de una interacción?

Clasificamos las interacciones según su peso:

- Haga clic en el post
- Comentarios y acciones
- Compartir al instante
- Reacciones (Amor, Wow, Enojado, etc.)
- Like
- Views

¿Qué afecta sustancialmente el peso de una interacción? Cuanto menos frecuentes son más peso específico tendrán. Un usuario tacaño en el intercambio de contenido, en el momento en que lo hace, asegura más peso para el post.

Además, una variable adicional que debe tenerse en cuenta es, sin duda, la temporal. El tiempo pasado delante de un post desempeña un papel crucial, especialmente si no se toman otras medidas. Es el algoritmo de publicidad de Facebook que calcula este tipo de interacción, proponiendo contenido en esa página de Facebook en particular, si eres un fan o no. Para terminar el discurso de Story Bump, para aprovecharlo al máximo, es preferible publicar sólo una vez el mejor contenido que requerirá respuestas y comentarios, incluso después de un cierto período de tiempo desde su publicación.

3. Post type De la misma manera que para las interacciones, los tipos de post también se distinguen por un peso diferente.

Proponemos una vez más la lista completa de su peso desde el más incisivo hasta el menos relevante:

- Videos y fotos de 360 grados

- Películas subtituladas
- Videos
- Lienzos: mecanismo centrado en los principios de la narración visual que te permiten unir dentro de un solo mensaje de texto, fotos, vídeos y mucho más. Lienzo de Facebook es el superior cuando se intenta aumentar las vistas de un anuncio en el móvil
- Foto
- Link
- Status

La red social premia el contenido especial y el contenido visual. Haciendo el máximo de ellos en una campaña de publicidad en línea, puedes comenzar un intercambio viral de mensajes para transmitir a tu público, que, si les gusta, te permitirá impulsar las ventas y lograr plenamente otros objetivos. Para una mayor visualización, es preferible subir la película directamente a Facebook y no poner, como una simple referencia, el enlace del vídeo en Youtube.

¿Sabías, por ejemplo, que 85 de 100 suscriptores de Facebook en el momento en que ven un vídeo, lo hacen sin audio? Así que entrar en subtítulos significará producir compromiso.

Máxima atención a la retroalimentación negativa: qué son y cómo mantenerlos bajo control.

Retroalimentación negativa para un anunciante que explota Facebook Ads está allí y siempre estará. Por la ley de grandes números, en comparación con muchos suscriptores que podrían apreciar tus mensajes, sin duda habrá alguien que te dará un informe negativo de vez en cuando.

Aquí está la lista completa de los que más afectan negativamente:

- No seguir más
- Reportar como spam
- Ocultar todos los mensajes
- Hide post

En particular, el No seguir más resulta ser una medida drástica que en el nivel del algoritmo de Facebook afecta de la manera más obvia posible.

Frente a una disminución del alcance por razones que puedes no ser capaz de explicar, o aún enfrentar una disminución en la cobertura, es preferible monitorear los informes negativos con precisión y consistencia. Si tus mensajes, de hecho, se reportan con un cierto hábito, sólo tienes que esperar que Facebook limitará su cobertura. El control de la retroalimentación negativa puede completarse considerando dos variables:

Post análisis: ¿cómo actuar con la primera variable? Una vez que hayas entrado en tu página de Facebook, inicia sesión en el panel de administración con un clic en Instights Post. Después de que estés dentro del área donde todos los mensajes se publican, debes seleccionar necesariamente la entrada de correos ocultos, informes de spam, ya no me gusta en tu página, todos los mensajes ocultos. De esta manera, tendrás una visión clara de los informes negativos obtenidos de los posts publicados.

Con un simple clic en el post, puedes entender inmediatamente qué tipo de retroalimentación negativa se te ha dado. En orden de gravedad hay:

- Informe como spam: el mensaje se considera spam, porque tal vez fue publicado para obtener más clics o más vistas, porque el título es diferente de la realidad.

- Ya no me gusta: lo que antes concedía el usuario se elimina.
- Ocultar todos los mensajes: El usuario ya no quiere ver el contenido que publicas.
- Ocultar post: el contenido específico no era del agrado del visitante que decide no mostrarlo más, de hecho, ocultándolo.

Análisis de la duración: ¿cómo abordar la segunda variable? Comienza desde la pestaña Portada, luego desplázate hasta la parte inferior y en el elemento Mensaje oculto o reportado como spam, verás el número diario de informes negativos. Lo mismo se aplica a la voz de ya no me gusta. En el caso de que la relación porcentual entre el número de visualización de contenido y los informes negativos resulta ser superior a 0,1%, existe el riesgo de enfrentarse a una pena de alcance. El correctivo a aplicar consiste en permitir una campaña publicitaria en línea llevada a cabo sobre los aficionados con un único propósito: fidelizarlos de nuevo.

¿Qué tipo de post en Facebook es más probable que sea penalizado?

Básicamente, en la red social por excelencia hay tres contenidos que el algoritmo no premia de ninguna manera: post promocional, películas pesadas y enlaces no considerados como hipervínculos.

En detalles:

- Demasiado contenido promocional: si deseas alentar Facebook Ads, es normal esperar esta decisión. Los títulos exorbitantes, pero falaces, destinados a recompensar el clickbait son penalizados. Ídem noticias falsas y el contenido de mala calidad.

- Películas pesadas: Hoy en día el uso de dispositivos móviles es muy superior a los PC. El problema es que no todos los teléfonos inteligentes están funcionando. Subir o ver un vídeo en Facebook puede ser muy estresante, especialmente si utiliza teléfonos inteligentes más antiguos. Si entonces no hay red wi-fi o la conexión a Internet es particularmente lenta, las descargas y cargas se convierten en un espejismo. Con el fin de no encontrarse con una cubierta demasiado baja, es recomendable publicar y compartir sólo vídeos que no son demasiado pesados.

- Enlaces inéditos como hipervínculos: poner enlaces en fotografías o estados, pero publicarlos como si no fueran hipervínculos es un error que nunca debe hacerse en una estrategia de publicidad en línea con Facebook.

Conclusiones

La lógica detrás de la operación del algoritmo publicitario de Facebook gira en torno al mecanismo de subasta entre los anunciantes. Es el algoritmo para establecer los que son en efecto, los mejores anuncios que mostrar a los que navegan en Facebook en el momento adecuado. Básicamente, a diferencia de lo que sucede con el circuito de publicidad de Google, los anunciantes no están dispuestos a pagar más. Facebook Ads no es una plataforma que vaya hacia la monopolización, porque pretende recompensar la calidad de los anuncios que dan crédito a la experiencia del usuario en la red social. Como resultado, Facebook Ads juega un papel principal en términos B2B y B2C.

No es casualidad que gran parte de la inversión en Palo Alto se centre en mejorar el News Feed, para mejorar la experiencia del usuario. Los usuarios sólo deben mostrar lo que les interesa. Lo mismo se aplica al deseo de mejorar la experiencia de los inversores que a su vez tienen que dirigirse exclusivamente al grupo destinatario, compuesto por clientes interesados en el artículo. La publicidad dirigida hace que el inversor gaste mejor su presupuesto. Con costos mínimos en términos de presupuesto es posible comunicarse mejor con el nicho de referencia. Si el inversor está satisfecho, continuará invirtiendo y, en este caso, elegir Facebook Ads como circuito de referencia de publicidad.

El momento adecuado para hacer publicidad en Facebook

Para determinar el momento adecuado para hacer publicidad en la red social por excelencia, tienes que considerar las oportunidades reales de las cuales tu negocio principal puede beneficiarse. Considerar Facebook como una herramienta para conseguir tantos likes como sea posible sería bastante restrictivo. Considerando el potencial infinito de los anuncios de Facebook para las empresas y los profesionales independientes que quieren mejorar el rendimiento de su negocio, siempre es recomendable llevar a cabo un análisis de mercado para determinar cuáles de tus productos/ servicios pueden ser empujados en términos de ventas por Facebook Ads, a través del mensaje publicitario que tienes la intención de transmitir. Inmediatamente después, el modo de interceptación del objetivo potencial, la fijación de los objetivos y las posibilidades de observación deben ponerse en papel.

Facebook Ads: los costes de la publicidad en la red social

Responder a la pregunta ¿Cuánto cuesta anunciar en Facebook? Es realmente imposible, porque hay tantas variables involucradas. Después de la definición del objetivo principal de la campaña de marketing en línea, se convierte en esencial para tu empresa implementar una estrategia y, desde las primeras etapas, evaluar los resultados y, en caso necesario, introducir las correcciones necesarias para introducir las mejoras necesarias. Por lo tanto, todo está estrechamente relacionado con las entradas que realmente se pretende obtener.

Y aquí es donde debes comenzar a determinar tu presupuesto para una campaña publicitaria de Facebook Ads.

Así que, al final de los hechos, la única respuesta posible a la pregunta ¿Cuánto cuesta anunciar en Facebook? es sólo una: depende.

Facebook Ads VS Google Adwords: las diferencias reales

Facebook Ads y Google Adwords son sin duda las principales plataformas de publicidad en línea. La elección de la primera o la segunda está estrechamente relacionada con los objetivos reales que realmente deseas lograr. Por supuesto, el uno no excluye el otro, ya que numerosas empresas utilizan Adwords de Google para interceptar las necesidades de los consumidores conscientes y anuncios de Facebook para aumentar la conciencia de la marca. En este caso, hay muchas empresas que implementan una estrategia integrada en relación con los clientes interesados en la compra, los clientes desconocen los productos listos para ser lanzados en el mercado y los nuevos clientes para ser capturados. Facebook Ads, sin embargo, en términos de costo por clic, presenta costos más bajos que Google Adwords, donde el papel de las palabras clave finalmente presenta la cuenta.

El rol del Remarketing en Facebook

Con el Remarketing en Facebook puedes alcanzar a todos aquellos usuarios que hayan visitado tu página web propio a través de este social network.

Si realizas e-comerce, algún que otro visitante, después de haber visto los productos vendidos en línea, apreciará el producto y se dirigirá a la pagina del carrito de compras para completar el pedido. Otros expresaran una opinión positiva al respecto. Puedes alcanzar todas las categorías de usuarios de una manera personalizada.

La estrategia del Remarketing en Facebook en verdad te ofrece la ventaja de crear anuncios que funcionan como recordatorios. El mensaje para el usuario conectado es: recuerda visitar nuevamente la pagina web de mi empresa.

Pero no es todo. Hacer Remarketing en Facebook te da diferentes beneficios, somo la división de tu target. Conocer desde un principio y totalmente, quien es tu consumidor final, te permite no solo optimizar tus campañas publicitarias, también te permite poder contar con resultados decididamente mejores.

Todos los usuarios que han visualizado una página en Facebook o la página web de tu empresa, constituyen un publico seleccionado. Esto te permite como anunciante, mostrar a ellos un contenido publicitario preciso, para lograr direccionarlos hacia los verdaderos objetivos de tu negocio. El Remarketing funciona a través del Pixel de Facebook, que no es más que un código que permite efectuar el tracking de las acciones realizadas en la página web.

Lo primero que se debe hacer para realizar el Remarketing consiste en la descarga de una cuenta publicitaria. Instala Power Editor y efectúa el acceso como administrador.

Ahora se instala en la pagina web el Pixel de Facebok y los varios códigos, fundamentales para el control de las acciones. Procede copiando el código del recuadro Crea Pixel del Remarketing web para luego pegarlo entre la head inicial y aquella final, en todas las partes de tu página web. Si no conoces mucho al respecto de esta materia, vale la pena dejar que la persona que haya desarrollado la pagina web lo haga.

Después de haber agregado el código, solo debes hacer click en Crea publico personalizado y, nombrar el recuadro justo, quizás agregando una descripción (esta operación es facultativa). Luego de esto es el turno de incluir a todos aquellos que hayan visualizado tu pagina web en la categoría de las personas a agregar en tu público.

Es sin duda la opción recomendada (en alternativa puedes seleccionar solo a quien haya visitado una parte especifica de tu página web). En fin, una vez terminado el ingreso de la información, termina el procedimiento con un click en Crea público.

Sólo después de este paso, se puede iniciar la creación de audiencias ad hoc personalizadas con toda una serie de operaciones destinadas a catalogar a los usuarios de Internet que han visitado una sección específica de la página web de tu empresa, los usuarios que interactuaron con la página de Facebook, así como la finalización de la creación de la lista de correo electrónico del cliente.

Verás la página de acción de gracias, donde será crucial para terminar la configuración del código de píxeles de remarketig, a fin de añadir usuarios a tu público.

Con un clic en Aceptar, habrás creado tu propia audiencia personalizada, que puede ser monitoreada en la pestaña Pública.

El siguiente paso se centra en el análisis de los anuncios, en relación con el comportamiento de los usuarios de Internet. Desde la Pantalla Pública en Power Editor, tienes que seleccionar la audiencia personalizada a la que deseas mostrar el anuncio, la creas con un clic en Crear publicidad.

Elije la campaña de publicidad en línea dirigida, crea el contenido a transmitir y especifica el presupuesto que tienes intención de asignar, así como toda una serie de detalles adicionales sobre la audiencia. En este sentido, la realización de un embudo de conversión tendrá como objetivo guiar paso a paso el internado hacia tu objetivo de negocio. La operación, por razones obvias, la mayor parte del tiempo no va directamente. Por esta razón, las diversas pruebas son cruciales para obtener resultados de concierto en relación con la optimización del presupuesto para invertir, posicionamiento (móvil o de escritorio) y listas de audiencia.

Las pruebas te dan la posibilidad de comprobar las mejoras en el campo y ver los resultados evolucionando cuando es necesario dar una dirección, en cara de movimientos equivocados o arriesgados. Necesitas pruebas para averiguar qué está bien y qué está mal. Sólo si Facebook Ads se utiliza de una manera casi científica con una cierta experimentación, los resultados se consideran positivos.

Tenga en cuenta, sin embargo, que, en el caso de audiencias personalizadas, remarketing se estructura en listas de usuarios bastante pequeñas. Es urgente prestar mucha atención a la frecuencia de los anuncios, porque la frecuente reproposición de los mismos anuncios es a menudo contraproducente para los anunciantes, generando un peligroso efecto bumerán.

Una buena estrategia de remarcar, en principio, debe inducir a los usuarios de Internet a conectarse de nuevo a los sitios web de tu empresa y transmitir el contenido adecuado en Facebook.

¿Cómo se analiza el rendimiento de una campaña de Facebook?

Simplemente por control de datos continuo. El ROI (retorno en Investement), el costo por clic de los diversos anuncios y el CTR (tasa de clic-trought) son los indicadores clave de rendimiento más relevantes.

La medición del ROI debe definirse siempre en relación con los objetivos reales de conversión a alcanzar, tales como la descarga de un libro electrónico, la suscripción a un boletín de noticias, la compra de un producto. Toda conversión debe necesariamente tener un valor económico, también para definir los costes que conlleva.

Ventajas y desventajas de los anuncios de Facebook

Al igual que con cualquier servicio de publicidad en línea, incluso con anuncios de Facebook hay pros y contras que tienes que considerar seriamente como un anunciante. La evaluación, por razones obvias, debe hacerse en la parte superior, antes de decidir invertir tus finanzas.

Pros

Administración simple de campañas publicitarias. Ciertamente más que adwords de Google.

Percepción casi instantánea de los resultados.

Amplia gama de objetivos que puedes conquistar a costos mucho más bajos que la adquisición de nuevos clientes.

Numerosos formatos publicitarios, todos adaptables a las necesidades reales del público objetivo.

Contras

Si la gestión no se lleva a cabo de manera coherente, los costes tienden a aumentar con respecto a la media.

Facebook Ads es lo último no sólo para B2C. Para B2B hay canales de publicidad en línea más competitivos.

La atención al detalle es uno de los factores clave que determinan el éxito o el fracaso de una campaña de publicidad en línea en anuncios de Facebook.

Lo que debes evitar absolutamente

En este párrafo, tenemos la intención de informarte de los errores más comunes cometidos por los anunciantes:

1. No tener en cuenta el equilibrio que tiene para los protagonistas rendimiento y resultados

El punto de partida para aquellos que ejecutan una campaña de publicidad en línea en anuncios de Facebook es dividir los objetivos en rendimiento y resultados. Para el rendimiento nos referimos al conjunto de factores que implica el aumento de los gustos, comentarios, acciones y reproducciones de vídeos publicados en la red social. Por resultados, sin embargo, nos referimos principalmente al número de conversiones, es decir, el internacionalista de turno para conectarse al sitio web de la empresa. Y esto es lo que hace que el uso de Facebook sea realmente único: poder referirse a un determinado contexto social y conectarse a un sitio web externo y viceversa.

Hay dos preguntas que debes estar haciendo como un anunciante.

- ¿Cuánto es necesario perseguir el rendimiento de un contenido publicado en la red social?
- ¿Cuánto resulta fundamental perseguir resultados a nivel de lead, en relación con una landing page?

Desde este punto de vista, de hecho, la colección de Me gusta es sólo una etapa en un viaje. ¿La razón? Para tener éxito, la estrategia en cuestión tendrá que ser propuesta al menos un par de veces más o tendrá que dirigirse a los usuarios de la página web de tu empresa o, se te llamará para desarrollar una audiencia similar a la audiencia objetivo, con el objetivo del aumentar la cobertura. En referencia al aumento de las vistas de una película, Facebook Ads te da la oportunidad de centrarte en el rendimiento, a saber, el número de reproducciones que fueron capaces de recoger, que, en los resultados, va a construir una audiencia con las características de los usuarios que han visto el vídeo.

En última instancia, antes de considerar la fase creativa de la publicidad, tener ideas claras sobre el rendimiento y los resultados es la manera correcta de proseguir.

2. Descuidar las características innovadoras disponibles por Facebook Ads

La herramienta de publicidad de Facebook se actualiza constantemente y las noticias son bastante frecuentes. Estos, la mayoría de las veces, no pasan desapercibidos para los profesionales del sector. Sin embargo, algunos de ellos son eclipsados y no se consideran adecuadamente. Uno de los errores más comunes cometidos por los anunciantes es el deseo de aprovechar inmediatamente todas las oportunidades originadas por la nueva configuración de los anuncios. Llegar a las características innovadoras disponibles por Facebook Ads antes que los demás es sin duda una gran ventaja. Lo importante es llegar allí conscientemente. ¡Carpe diem, para que lo sepas!

3. Falta de reactividad

Todo lo que da resultados al estado actual no funciona necesariamente a largo plazo. Como anunciante, necesitas poder invertir tu presupuesto, teniendo en cuenta las oportunidades en las que puedes confiar. Analiza constantemente los resultados generados por tus campañas publicitarias en línea, examina los números de los informes y no tengas miedo de cuestionar todo. No se dice que el mayor número de conversiones surgen de la inserción más creativa. También ten cuidado con las call to action. Evaluar el más eficaz es un trabajo analítico. Y sólo los resultados cuentan.

4. Nunca dividir la campaña publicitaria de Facebook Ads según el posicionamiento

No hay duda de que la red social de Mark Zuckerberg pretende garantizar el nivel más alto de exposición a los anuncios. Sin embargo, cabe destacar que el contexto que se ofrece no siempre es ideal para garantizar que la acción del mensaje sea lo más eficaz posible. ¿Cómo no dispersar el contenido del anuncio entre varias fuentes? En lugar de dividir la campaña publicitaria de Facebook Ads según el posicionamiento, que es un error bastante grave, debes optar por la división entre estaciones de trabajo multimedia, separando el escritorio del sector móvil. El reto para los próximos años será perfeccionar la recepción del mensaje en smartphones y tablets, cuya difusión está bajo los ojos de todos.

El desarrollo de Facebook Ads ya asegura campañas de publicidad automáticas dirigidas a las noticias en los PC de escritorio, teléfonos inteligentes y tabletas tanto en la red de audiencia y Instagram. La intención es separar las fuentes en términos de presupuesto, de acuerdo con el estilo creativo adoptado y el tipo de enfoque del cliente.

Entre las sugerencias dignas de atención, cabe mencionar:

- La misión de fondo de la fuente de noticias de escritorio gira en torno a la creación de participación, por la sencilla razón de que es capaz de apoyar al mismo tiempo textos de longitud superior a la media y descripciones claramente legibles;

- El propósito principal del feed móvil de noticias gira en torno al logro efectivo del target que no conoce el producto que pretendes anunciar como anunciante. En realidad, es esencial para asegurar un clic en una página de destino. Sólo de esta manera, serás capaz de realizar una acción de remarketing en la perspectiva a medio plazo;

- La columna de la derecha tiene la ventaja de ser de bajo coste y muy útil en términos de remarketing;

- El objetivo de la red de audiencia es evidente en el proceso de recogida de clics de los usuarios objetivo. Sin embargo, no puede decirse lo mismo de las conversiones directas;

- El posicionamiento de Instagram es más exitoso para aquellos productos con un fuerte componente emocional. Antes de ver sus resultados, una pre-prueba basada en el nicho que tiene la intención de abordar como un anunciante es necesaria.

5. Nunca pongas a prueba un alto número de creatividad

El funcionamiento de los mensajes publicitarios no es siempre el mismo. Ya se puede ver mirando el historial de la campaña. El objetivo principal es identificar lo antes posible cuál es la inserción ideal para el público objetivo. El experimento es muy útil para la evaluación de los resultados: entre imágenes, colores de diferente intensidad y tonos, entre textos de cierta longitud con la posible presencia de enlaces o con la inserción de la call to action. Depende de ti determinar cuál es la mejor combinación de los elementos para dar la prominencia derecha contenida en el anuncio. Así como no es necesario exagerar con la experimentación creativa, tampoco deberíamos ser particularmente ahorrativos, quizás fosilizarnos en un solo anuncio, para mostrar cuántos clics y conversiones se obtuvieron sobre la base de los costes incurridos, que se pueden ver en el informe correspondiente. Esta estrategia no sería en absoluto satisfactoria. En el papel de empresario, debes entender lo antes posible cuál es la relación ideal entre los costos incurridos y los resultados obtenidos y cuál es la creatividad correcta.

6. Observa cuando decides programar anuncios basados en días y horas

La función de programación de Facebook Ads es válida sólo cuando se establece un presupuesto total. Si decides actuar optando por un presupuesto diario, como muchas personas lo hacen, tienes que prestar atención a cómo los clientes se mueven por la web. Por lo tanto, es vital examinar los días de la semana en que el número de compras aumenta. Lo mismo ocurre con las franjas horarias. No dudes en confiar en Facebook para obtener estos informes. Lo mismo ocurre con Google Analytics. Una vez que tengas esta información, sabiendo cuáles son los contextos ideales, invierte en ella. Sin dudarlo. No hacerlo es una oportunidad perdida para lograr tus objetivos.

7. Los anuncios de Facebook sólo deben considerarse como una herramienta de comunicación en línea dentro de una estrategia de medios integrada

Usar sólo Facebook Ads como una herramienta de publicidad en línea es restrictivo. El recurso de Mark Zuckerberg debe ser interpretado como una parte del todo, donde todo se entiende SEO y SEM estrategias, email marketing, marketing directo, comunicación institucional en el sitio web, comunicación pública en el blog corporativo.

Como empresario y anunciante, es muy importante para ti tener una visión global.

Depende de ti decidir cómo combinar las campañas de publicidad en línea en Facebook Ads con tu estrategia de marketing y comunicación. Tienes que optar por hacer que aparezcan como una herramienta de comunicación a medio plazo o simplemente como una fuente número uno para el tráfico de pago.

8. Crear anuncios directamente desde la página, sin tener en cuenta el Panel de Gestión Publicitaria

Pasar por alto el Panel de Gestión de Publicidad, al crear anuncios, puede aparecer a primera vista muy ventajoso en términos de ahorro de tiempo.

Sólo dos clics y has promovido sobre la marcha el post de tu interés con el que se llega a tantos usuarios como sea posible en las inmediaciones. Los gustos, las acciones y los comentarios también pueden estar sujetos a aumentos más o menos sustanciales. El problema es que todas estas herramientas han sido diseñadas para promover el contenido incluso para aquellos que tienen poca base en el asunto. Pero los verdaderos indicadores de desempeño son otros: el costo de adquisición, el del lead, la tasa de conversión. Y estos sólo se ven estos en el Panel de Administración de Publicidad. Por lo tanto, la creación de anuncios directamente desde la página es muy incorrecto.

9. No utilizar el Facebook Pixel

No realizar un seguimiento de las conversiones realizadas en tu sitio web y no ir más allá del número de usuarios alcanzados, comparte, gusta y comentarios es algo súper aproximado. La instalación del Facebook Pixel, como ya hemos señalado, es esencial para rastrear las conversiones y poder identificar el ROI, es decir, el retorno de la inversión publicitaria.

10. Incluso los subtítulos son importantes. ¡Ay de descuidarlos!

En muchas situaciones, la atención se centra en todo el contenido, la parte visual y los vídeos. Sin embargo, la copia persuasiva también necesita el espacio adecuado. Por esta razón, nunca debes descuidar los subtítulos. Después de haber hecho tu titular y haber adoptado la imagen de tu mensaje publicitario, centra todo en un título, con el fin de comunicarte eficazmente con tu público objetivo. La red social de Mark Zuckerberg indica en el número máximo de 90 caracteres necesarios para dar la mayor información. Pero ten cuidado porque en la sección de noticias caen a 30. ¿Objetivo? Se persuasivo, al punto de explicar a los clientes potenciales las ventajas de la oferta, de modo que hagan clic, mostrando el interés correcto, y se dirijan a la página web de tu empresa.

Conclusiones

En todos los errores que los anunciantes hacen al usar anuncios de Facebook, el denominador común la mayor parte del tiempo es la consideración del cliente equivocado. No darte el tiempo para entender sus necesidades e intereses es el más grosero de los errores que podrías hacer. No lo cometas. De campañas de publicidad en línea erga omnes no hay. Esto es seguro.

BUSINESS CASO PRÁCTICO

Como apéndice al manual, señalamos algunos casos de realidades empresariales que, aprovechando al máximo el potencial de los anuncios de Facebook, han visto crecer su negocio en exceso, mucho más allá de las expectativas más optimistas.

Caso I -> Muro de molino antiguo

Anuncios en Facebook, así como los de Instagram, han garantizado un aumento del 200% en el volumen de negocios

Esta histórica almazara con sede en Andria, la ciudad reina en la producción de petróleo de Puglia, ha sido capaz de explotar plenamente el potencial de Facebook Ads, que va a duplicar la facturación. Las campañas virales en la red social de Mark Zuckerberg han hecho que sus ventas en línea aumenten en un 200%, promocionando la marca en el segmento más alto del mercado.

La empresa familiar, auténtica expresión de la tradición gastronómica de Puglia, siempre ha puesto en el mercado excelentes aceites, distribuidos en las tiendas gourmet más reconocidas. Los objetivos reales eran aumentar la popularidad de la marca, atraer a clientes de alta gama, dispuestos a pagar más a cambio de aceite de calidad, y aumentar las ventas en línea.

Elegancia y excelencia: los dos conceptos clave transmitidos en la campaña publicitaria en línea

Gracias a los anuncios en Facebook Ads, así como al cuidado de los contenidos multimedia en Instagram, la imagen corporativa de Antico Frantoio Muraglia se ha relanzado, ofreciendo en el mercado una gama de aceites de excelente nivel, apreciado por los consumidores de todo el mundo. Entre las iniciativas más exitosas, Black Friday oíl en 2017 debe recibir una mención especial, ya que ha puesto en contacto directo los consumidores con la marca. Después de la fase piloto de la campaña, iniciada antes del Viernes Negro, la iniciativa se repitió con motivo de las fiestas de Navidad. La estrategia ha resultado exitosa, ya que como anunciante, el historiador de la fábrica ha logrado dar un perfil a una amplia audiencia, a partir de los contactos introducidos en el archivo de la empresa. Para la ocasión, el marketing territorial también ha sido protagonista de un papel fundamental: el tarro de terracota artesanal, típico de la región de Puglia, se ha transformado en un envase de lujo, colores brillantes con el resultado de captar la atención de una gran audiencia. El impacto visual del contenido multimedia, destinado a potenciar la recolección manual de las aceitunas y su prensado en frío mediante el tradicional molino de piedra, ha servido como una función para mejorar el aspecto típico de los productos locales.

Pero fue con la difusión viral de los anuncios que las ventas en línea de la Antico Frantoio Muraglia se dirigió hacia un aumento real: +200% en noviembre de 2017 y +90% el mes siguiente. Todo esto por otro lado disminuyó de un 27% los costes de adquisición para los nuevos clientes con relación a los contenidos tradicionales. Las historias publicadas en la red social más famosa del mundo también han aumentado el tráfico a la página web del molino.

Las etapas clave de esta estrategia bien aceitada fueron:

- el perfil de la audiencia personalizada a partir de la lista de los clientes insertados en la base de datos de negocios;
- la adquisición de nuevos clientes potenciales a través del Viernes Negro del Petróleo y otras iniciativas de promoción que continuaron durante las vacaciones de Navidad;
- una campaña ganadora de remarketing sobre nuevos clientes, destinada a aumentar el objetivo, con el fin de aumentar la celebridad de la marca;
- el Viernes Negro del petróleo, realizado sobre un objetivo enteramente similar al identificado la semana anterior en relación con los clientes recién adquiridos;

- retraso para los próximos dos meses con la intención de provocar un aumento significativo de las conversiones.

¿Cuáles fueron los resultados de este éxito?

Comparando el volumen de negocios en línea 2017 de Antico Frantoio Muraglia con el de 2016, el aumento fue 3 veces mayor;

- en el primer mes de la campaña, las ventas fueron tres veces superiores;
- la adquisición de nuevos clientes en comparación con otras plataformas, gracias a Facebook Ads, era menos caro en términos económicos. Al menos 50%;
- el rendimiento de la inversión publicitaria inicial fue de 11 veces;
- contactos B2B mensuales, regularmente registrados en el sitio web de la empresa, han aumentado en un 25%.

Antico Frantoio Muraglia: conclusiones

Gracias a una campaña de publicidad viral, llevada a cabo en el circuito de Facebook, Antico Frantoio Muraglia ha visto el nivel de fama de su marca, especialmente en el contexto nacional, aumentar su facturación e impulsar las ventas en línea.

Caso II -> Melia Hotels International

La decimotercera cadena hotelera del mundo, utilizando los dinámicos anuncios de Facebook Ads, ha podido despegar de los viajes internacionales, mostrando a los clientes de todo el mundo ciertos grupos de hoteles. El resultado final de la campaña publicitaria en línea fue nada menos que sorprendente con un retorno de la inversión publicitaria a partir de 6,7 veces en comparación con campañas de retargeting anteriores y una reducción del 79% en el coste total de la reserva.

Empecemos con el orden. Desde 1956, Meliá Hotels International (nota: tempore Sol Meliá, dado que el nombre actual data del 3 de junio de 2011) ha experimentado un crecimiento exponencial, culminando con el liderazgo absoluto en el resort. Las cifras son muy claras: 370 hoteles en 43 países. El objetivo principal de la cadena hotelera española era aumentar el número de clientes mediante una estrategia destinada a mostrar determinados grupos de hoteles a través de anuncios personalizados en los distintos continentes, también con el fin de aumentar significativamente el número de reservas en línea.

Facebook Pixel en el sitio: ¿para qué sirve?

Uno de los puntos esenciales de la publicidad en fb es la instalación del pixel, es decir, un código de seguimiento que servirá para optimizar el patrocinio. En particular, se utilizará para definir con mayor atención la audiencia personalizada a la que mostrar los anuncios. ¿Pero cuál es el pixel de Facebook?

Una herramienta que al mismo tiempo permite:

- Seguimiento completo de las actividades de tu sitio web: ¿qué medidas toman los usuarios una vez que han visto los anuncios? Con el Facebook Pixel puedes monitorizar de forma óptima las conversiones y medir el rendimiento de las inversiones publicitarias;
- Aumentar el rendimiento del gasto publicitario: la red social mostrará automáticamente anuncios a los suscriptores que tienden a ejecutar acciones en relación

con los datos de las conversiones de tu sitio web;

- Para acercarse a nuevos clientes y llegar a los clientes existentes: tú decides a quién mostrar anuncios, en relación con las acciones realizadas en tu sitio web. Crear una audiencia personalizada ya no es una utopía. Facebook Ads te permitirá llegar a los mejores clientes y personas similares.

El uso del píxel de seguimiento en Facebook siempre debe ser apropiado

Copia la cadena de código, obtenible, en el Gerente de Publicidad del Gerente de Negocios, y péguala en la sección principal de tu sitio web. De esta manera, se presentarán todas las páginas web. La belleza de esta operación es que la recuperación de información útil sobre tu público será un hecho y puedes crear anuncios dirigidos.

Como puedes haber adivinado, entonces, la creación de una oferta adecuada para todos los gustos ha sido posible única y exclusivamente a través del posicionamiento del Pixel de Facebook en el sitio web corporativo con la intención de llevar a cabo un seguimiento constante de los hoteles y resorts buscado por los visitantes. En el momento en que hicieron acceso a la red social, exhibieron anuncios carruseles personalizados, basados en el destino previamente buscado, de las fechas de salida y llegada tomadas en consideración, el tipo de hotel y, en el evento, la presencia de niños.

Meliá Hotels International: conclusiones

Considerando que anteriormente Meliá Hotels International se había basado exclusivamente en el retargeting centrado en el destino, y que la nueva estrategia ha tenido en cuenta las necesidades de cada usuario individual, responde con precisión a las tendencias locales de los que querían disfrutar de las vacaciones.

Caso III -> Miscusi

El tercer y último estudio de caso exitoso que mencionamos en el manual es realmente muy especial. Protagonista de la primera pasta fresca de comida rápida del mundo que en 2016, gracias a una campaña de publicidad innovadora en Facebook y las historias en Instagram, ha sido capaz de construir un nuevo negocio ganador. La puesta en marcha de la pasta, como fue rebautizado, después de la apertura del primer club en Milán, fue tan exitosa que abrió tres más. Siempre en la capital milanesa. El segundo lugar se inauguró un año y medio después de la primera y la mayor parte del mérito se debe a la inversión del 100% del presupuesto de publicidad en Facebook y Instagram.

Miscusi es considerado por los profesionales como un formato innovador para los restaurantes, donde el protagonista principal es la pasta fresca, preparada en el lugar con ingredientes genuinos. En un año, el personal aumentó de 8 a 70 empleados. El éxito, como lo demuestran los 20.000 platos que se sirven al mes, fue general.

El propósito central de Miscusi era explotar el circuito publicitario de Facebook e Instagram con la intención de lanzar la marca en el mercado, hacer hablar de sí mismo y generar la máxima curiosidad. Ciertamente, el marco de un país como Italia, donde la comida es realmente buena, ha dado una gran mano, pero la estrategia de comercialización de alimentos ha demostrado ser muy creativa. Todo gracias a la creación de una comunidad con una pasión común: la alta calidad de los alimentos. Anuncios en Facebook e Instagram, historias, vídeos y varios contenidos multimedia han llamado la atención de muchos fans, cada uno de ellos logrado con diferentes contenidos comunicativos. El personal de marketing de Miscusi, de hecho, todos los días desarrollar cuatro o más mensajes donde bellas imágenes para ver, textos irónicos y platos genuinos son los protagonistas indiscutibles. Todo en plena armonía con el estilo informal del restaurante de pasta. Todo se estudia con cuidado, desde las imágenes de los ingredientes hasta los platos de pasta en la mesa. Para poder contar con la optimización de las tasas de conversión, el equipo de marketing de Miscusi estructuró los contenidos, guiando a los líderes en el embudo de ventas especialmente preparado. De esta manera, la segmentación del objetivo se realiza de acuerdo con las acciones realizadas por los visitantes en el sitio web y las interacciones de los usuarios con los vídeos. Al hacerlo, la marca, después del lanzamiento inicial, creció en términos de notoriedad, también gracias a los anuncios en Facebook e Instagram que han permitido el logro de una audiencia completamente similar a los clientes ya leales. El costo de 1.000 impresiones se redujo en realidad en 1/3 (-33%). En este lapso de tiempo, desde los 3.000 platos mensuales, el restaurante de pasta fresca en Milán fue capaz de servir la belleza de 10.000, lo que marca un suntuoso +330%.

Miscusi dio a los clientes que comieron en su primer punto de venta el clásico cuestionario de satisfacción. ¿Resultado? El 95% de las respuestas atribuyeron tanto a Facebook como a Instagram el mérito de haber hecho conocer a los clientes el punto de venta.

Esta apetitosa estrategia, centrada en la alianza entre el contenido publicado en Facebook e Instagram, ha demostrado ser un éxito. Sus etapas fueron las siguientes:

- 5 meses de pre-lanzamiento: tanto tiempo duró la campaña de publicidad en línea antes de la apertura de la primera tienda. Todo esto ha servido para despertar la atención de un público más o menos indistinto;
- gran importancia de las imágenes: las fotos con gran impacto visual han contribuido a realzar las características distintivas de los platos que se sirven en la mesa. La atención a los detalles en el campo de la iluminación y los ambientes interiores, en esta perspectiva, ha sido sin duda fundamental;
- para estimular el apetito de los buenos tenedores, el contenido siempre ha estado orientado al embudo. Cada detalle del plato servido en la mesa siempre se ha revelado gradualmente;
- amplia campaña de publicidad en línea, siempre en Facebook e Instagram durante las 200 horas siguientes a la apertura del primer restaurante de pasta fresca. La intención era conseguir suscriptores de las redes sociales para compartir contenido multimedia viralmente. Y Miscusi ha logrado plenamente el objetivo;
- campañas de recuperación destinadas a captar un público bastante similar al objetivo ya

80

conquistado. Y esto ha ayudado a optimizar los costes incurridos.

Miscusi: conclusiones de la Corte

¿Qué resultados aseguraron que esta estrategia de marketing en línea se centrara en Facebook e Instagram?

- Logro mensual de más o menos 500.000 personas en el público destinatario o un público similar;
- 95% del volumen de negocios debido a las dos redes sociales;
- 4,3 veces el aumento de las ventas en el primer mes;

En definitiva, un éxito servido en un plato de plata, el obtenido por Miscusi.

Caso IV -> Despar

También la reconocida cadena de supermercados, fundada en Holanda en 1932, ha decidido confiar en las diversas herramientas de Facebook para perfilar con más detalle su objetivo. Las apuestas en la plataforma de compromiso de marketing de contactlab dentro de un mes fue capaz de conseguir tanto como 76.672 lleva. Todo con alto potencial de conversión.

Entre las principales cadenas de distribución de alimentos, como lo demuestran más de 12.500 puntos de venta en 44 países, Despar se ha fijado el ambicioso objetivo de querer aumentar el número de clientes. La adquisición comenzó desde la página de Facebook de la revista Casa di Vita. De esta manera, Despar dio paso a la construcción de relaciones de alto valor con los nuevos clientes, empujando a una verdadera dieta y un estilo de vida equilibrado.

Como solución, la cadena de supermercados no ha hecho más que convertir la página de Facebook en una herramienta válida de generación de leas. Si esto ha sido posible, gran parte del crédito va a la red social de Mark Zuckerberg, que ha permitido desarrollar campañas publicitarias simplemente mediante la combinación de las herramientas de adquisición de contactos de Facebook con la mencionada plataforma de compromiso de marketing.

En la fase inicial, el grupo de la empresa identificó los usuarios más reactivos, en función del número de clics a las campañas de email marketing realizadas. Entonces los datos recogidos de la plataforma contactlab dentro de Facebook fueron exportados con el propósito preciso de crear un objetivo personalizado. Posteriormente, gracias al apoyo de una agencia de comunicación establecida, AD010, el grupo despar pudo contar con un público similar, utilizable para la campaña de la adquisición de contactos con el papel preciso del público creado ad hoc. El objetivo era conseguir que el mayor número posible de usuarios se unieran a la comunidad: para ser capaz de éxito completo, se implementaron varios anuncios, donde se invitó a la gente a descargar un documento que presentaba el estilo saludable y la alimentación saludable. Dos temas muy queridos para la comunidad. Luego, todos los cables generados por SOBO fueron insertados en una solución de marketing directo digital, desarrollada por el personal del laboratorio de contacto: Contactsend. Por último, el uso de clientes potenciales calificados ha sido crucial para el objetivo de campañas de email marketing posteriores.

¿Qué llevó a la creación de una audiencia en casa?

Los resultados fueron excelentes. Además de los ya mencionados 76.672 clientes cualificados en 30 días, hubo un aumento del 5% en el número de contactos obtenidos, una mejora en la reputación de la marca, cuantificable en 62 puntos porcentuales, y un excelente -85% de costo para obtener lead sobre los que vienen de diferentes canales.

Conclusiones

Para despar, Facebook Ads campañas de liderazgo han sido una expresión de excelentes resultados, sin duda por encima de cualquier pronóstico más brillante, ya que han identificado un público interesado y más propensos a conversiones.

El público similar, esencial para encontrar personas con un perfil en línea a los clientes y contactos, y el público personalizado, crucial para llegar a un alto número de clientes en la red social por excelencia, resultó ser dos de los productos utilizados por la cadena de supermercados que, de hecho, ha logrado resultados maravillosos, llenando el carro con los clientes.

Conclusiones

En resumen, Facebook, así como varias redes sociales, resultó ser un excelente canal de publicidad en línea, no sólo para las grandes empresas, sino también para los profesionales activos en el campo de la e-comercio, porque incluso con el contenido del presupuesto se pueden lograr resultados más que satisfactorios. En la actualidad, alrededor del 66% del tráfico total procedente de las redes sociales a las tiendas electrónicas proviene de Facebook que, en el ámbito de las ventas en línea generadas, con su 85% es realmente la mayor parte en comparación con las redes sociales.

En resumen, gracias a este programa, tienes la posibilidad de generar anuncios, con el fin de garantizar el tráfico en el contenido publicado. La creación de patrocinio directo para cumplir con varios tipos de objetivos te permite realizar un seguimiento de sus resultados con la máxima precisión. Esto se traduce en toda una serie de beneficios para tu negocio en línea, desde la oportunidad de ganar notoriedad para tu negocio hasta el considerable impulso de ventas.

Una cosa es cierta. Si los anuncios en Facebook se hacen a la regla del arte el anunciante se beneficia. De lo contrario, corres el riesgo de enfrentarte a una derrota inevitable. Por otra parte, si hoy en día sólo hay profesionales especializados exclusivamente en esta plataforma de publicidad en línea, hay más de una razón. ¡Confía en ellos para dar un nuevo impulso vital a tu negocio!

DISCLAIMER

Todas las marcas registradas y logotipos mencionados en este libro, incluyendo Amazon y Quora, pertenecen a sus respectivos propietarios.

El autor de este libro no reclama ni declara ningún derecho sobre estas marcas, que se citan sólo con fines educativos e informativos.